Impressum
Verlag: BABADADA GmbH, Nedderfeld 112 , 22529 Hamburg
Geschäftsführer / Verlagsleitung: Harald Hof
Druck: Books on Demand GmbH, In de Tarpen 42, 22848 Norderstedt

Imprint
Publisher: BABADADA GmbH, Nedderfeld 112 , 22529 Hamburg, Germany
Managing Director / Publishing direction: Harald Hof
Print: Books on Demand GmbH, In de Tarpen 42, 22848 Norderstedt, Germany

ښوونځی

escola

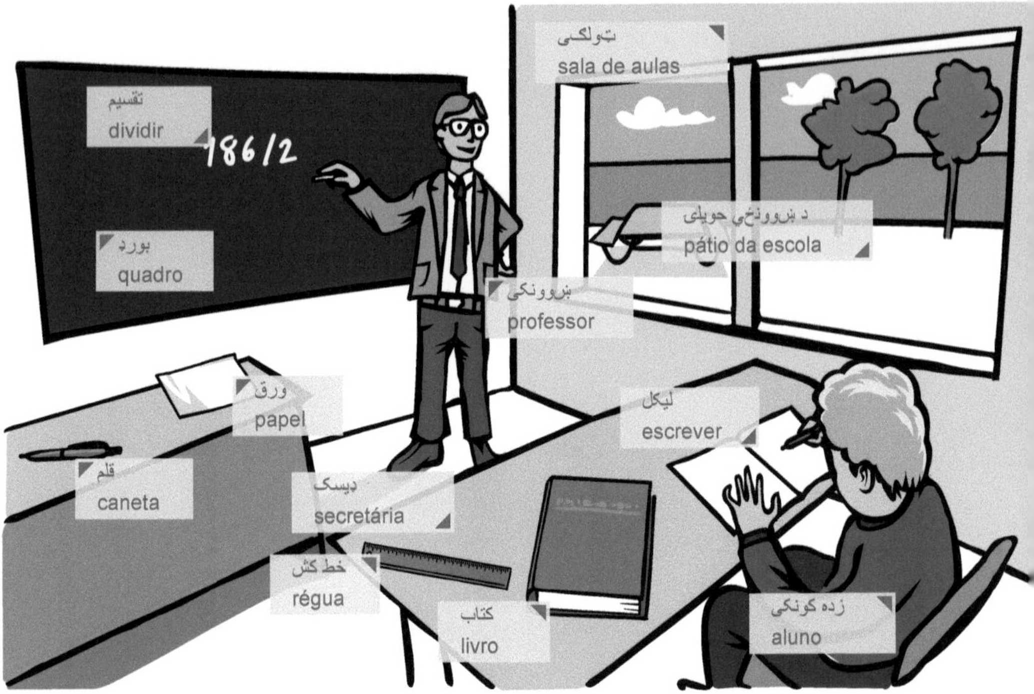

تولګی
sala de aulas
تقسیم
dividir
186/2
بورډ
quadro
د ښوونځي حويلی
pátio da escola
ښوونکی
professor
ورق
papel
لیکل
escrever
قلم
caneta
ډیسک
secretária
خط کش
régua
کتاب
livro
زده کونکی
aluno

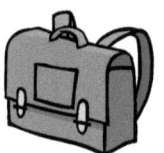

کڅوړه

mochila

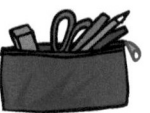

د پنسل بکسه

estojo de lápis

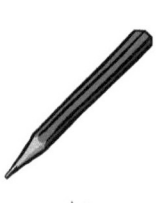

پنسل

lápis

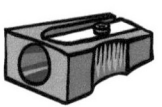

پنسل تراش

afia-lápis

ربړ

borracha

د رسامۍ پاڼه

bloco de desenho

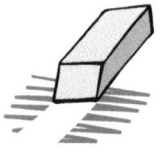

رسامي

desenho

د نقاشی برس

pincel

د نقاشی بکس

caixa de tintas

قیچي

tesoura

سریش

cola

د تمرین کتاب

livro de exercícios

کورنی دنده

trabalhos de casa

12

ٹمیر

número

2+2

جمع

somar

5-2

منفي

subtrair

2×2

ضرب

multiplicar

حساب

calcular

A

توری

letra

ABCDEFG
HIJKLMN
OPQRSTU
VWXYZ

الفبا

alfabeto

hello

کلمه

palavra

متن

texto

لوستل

ler

تباشیر

giz

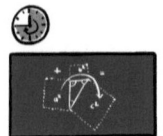

درس

hora

راجستر

registo de presenças

ازموینه

exame

تصدیق پانه

certificado

د ښوونځي یونیفارم

uniforme escolar

تعلیم

educação

دایره المعارف

enciclopédia

پوهنتون

universidade

مایکروسکوپ

microscópio

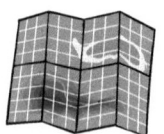

نقشه

mapa

اشغالدانی

cesto de lixo

سفر

viagem

Grand
هوټل
hotel
لیلیه
hostel
ROOMS
CHANGE
د اسعارو د تبادلې دفتر
casa de câmbio
بکس
mala
موټر
carro

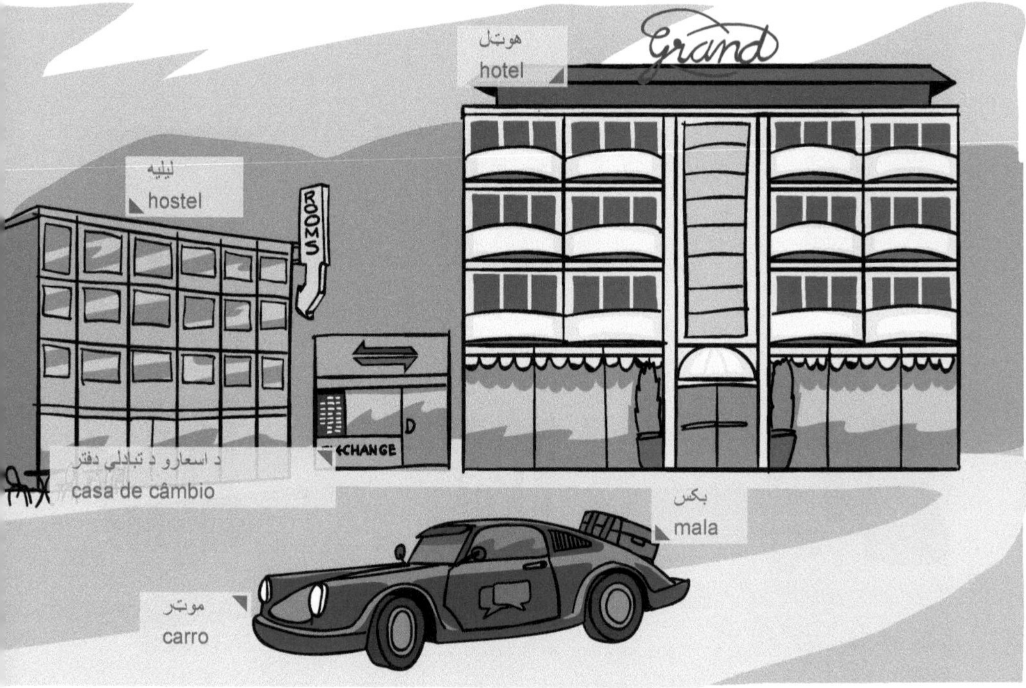

ژبه

idioma

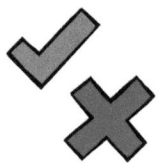

هو/نه

sim / não

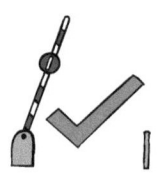

سمه ده

ok / certo / correto

سلام

olá

ژباړونکی

intérprete

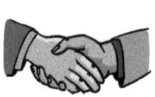

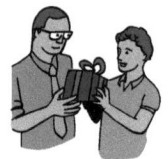

مننه

obrigado

څومره دي...؟

quanto é que custa... ?

زه نه پوهېږم

não entendo

ستونزه

problema

ماښام مو پخیر!

boa noite!

سهار په خیر!

Bom dia!

شپه په خیر!

Boa noite!

په مخه مو ښه

adeus

لارښود

direção

سامان

bagagem

بیک

saco

شاتنی بکس

mochila

میلمه

convidado

خونه

quarto

د خوب کڅوړه

saco-cama

خیمه

tenda

د توریزم معلومات

informação turística

ساحل

praia

کریدیت کارت

cartão de crédito

ناری

pequeno-almoço

د غرمي خواره

almoço

د شپي خواره

jantar

ټیکټ

bilhete

لفت

elevador

مهر

selo postal

پوله

fronteira

کمرک

alfândega

سفارت

embaixada

ویزه

visto

پاسپورت

passaporte

ټرانسپورټ

transporte

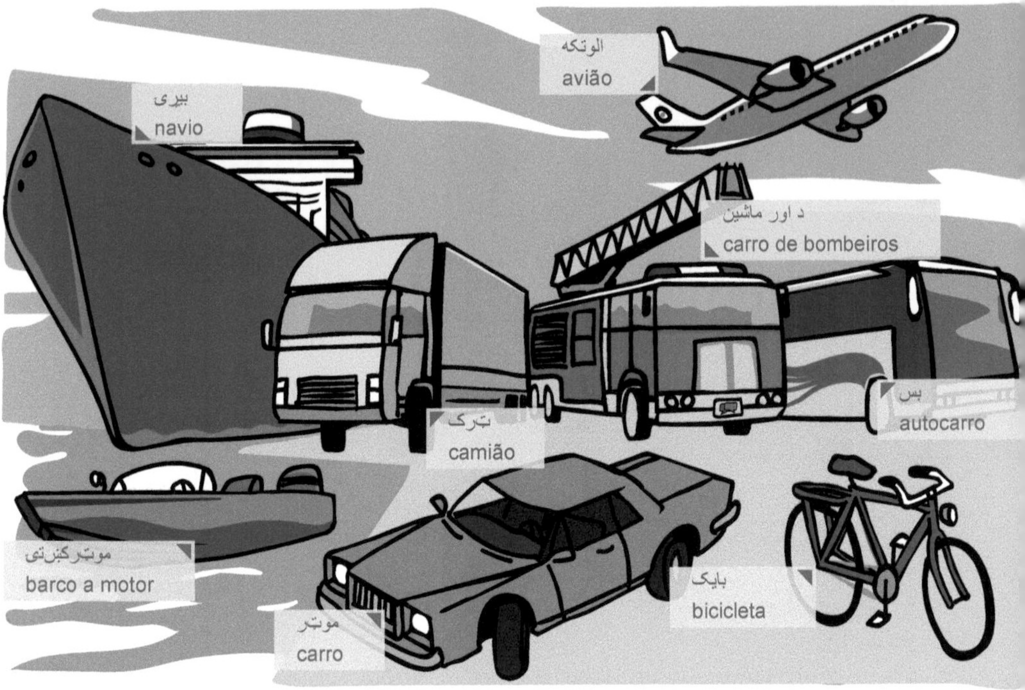

الوتکه
avião
بیری
navio
د اور ماشین
carro de bombeiros
بس
autocarro
ټرک
camião
موټرکښتی
barco a motor
بایک
bicicleta
موټر
carro

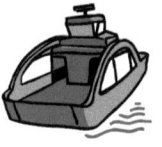

کښتی

cacilheiro

کښتی

barco

موټرسایکل

mota

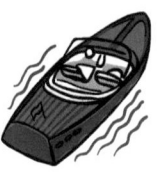

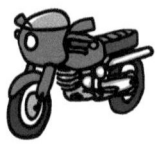

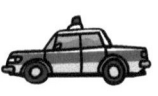

د پولیسو موټر

carro de polícia

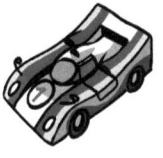

د ریس موټر

carro de corrida

کرایی موټر

carro alugado

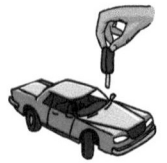

د کرایه موټری
carsharing

جرثقیل لرونکی ټرک
camião de reboque

ریفیوز ټرک
camião do lixo

موټر
motor

سونګ توکي
combustível

پترول سټیشن
estação de serviço

ترافیکي نښه
sinal de trânsito

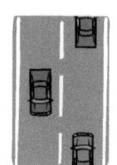

ترافیک
trânsito

جام ترافیک
congestionamento de
trânsito

د موټرو تمځای
parque de estacionamento

د ریل سټیشن
estação ferroviária

پاتکي
carris

ریل
comboio

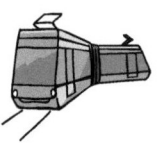

ټرام
elétrico

واګون
carruagem

چورلکه

helicóptero

هوايي ډکر

aeroporto

برج

torre

مسافر

passageiro

کانټينر

contentor

کارتون

caixa de papelão

کارت

carrinho

ټوکری

cesto

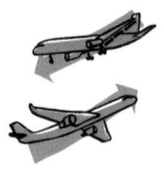

الوتنه کول/کښينناستل

levantar voo / aterrar

بن،ار

cidade

کلی

aldeia

د بن،ار مرکز

centro da cidade

کور

casa

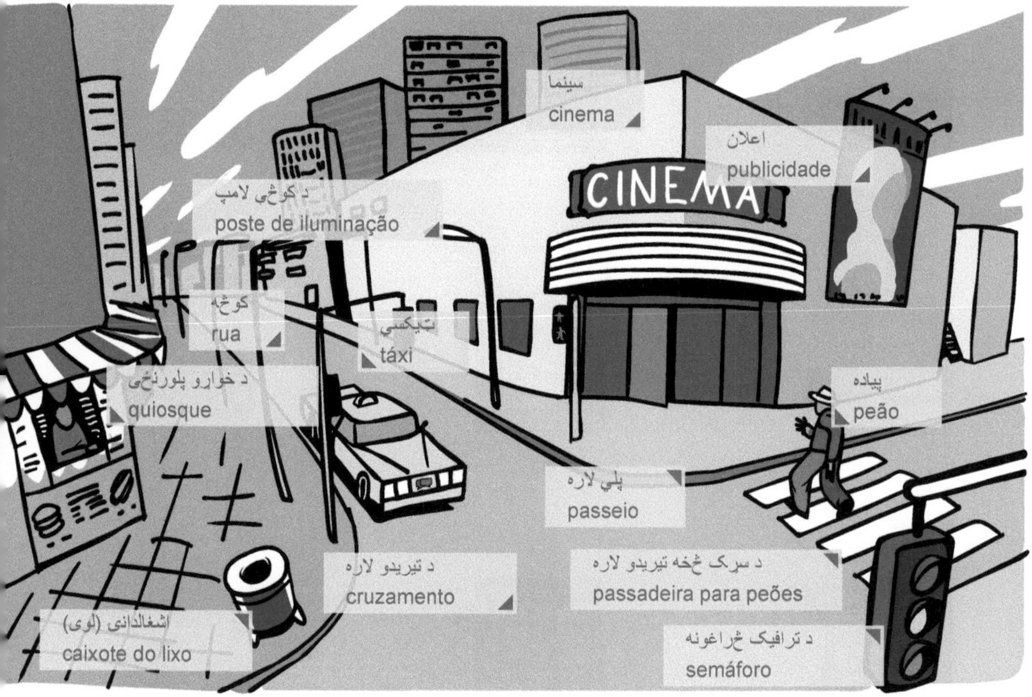

سینما
cinema
اعلان
publicidade
CINEMA
د کوڅې لامپ
poste de iluminação
کوڅه
rua
ټیکسي
táxi
د خوارو پلورنځی
quiosque
پیاده
peão
پلي لاره
passeio
د تیریدو لاره
cruzamento
د سرک څخه تیریدو لاره
passadeira para peões
اشغالدانی (لوی)
caixote do lixo
د ترافیک څراغونه
semáforo

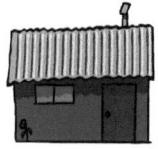

کودله

cabana

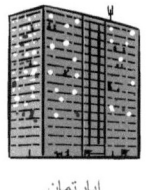

اپارتمان

apartamento

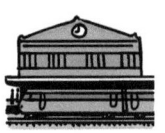

د ریل سټیشن

estação ferroviária

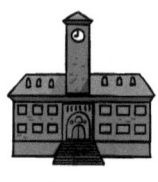

ټاون هال

câmara municipal

MUSEUM

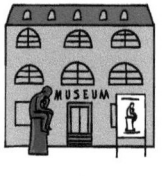

میوزیم

museu

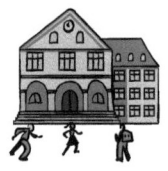

ښوونځی

escola

پوهنتون

universidade

بانک

banco

روغتون

hospital

هوټل

hotel

درملتون

farmácia

دفتر

escritório

کتاب پلورنځی

livraria

پلورنځی

loja

د گلانو پلورنځی

florista

لوی پلورنځی

supermercado

مارکیت

mercado

د دیپارټمنټ سټور

loja de departamentos

کب پلورنځی

peixaria

د پلور مرکز

centro comercial

لنګرتون

porto

ښار - cidade

پارک

parque

بينچ

banco

پل

ponte

زینه

escadas

د خمکي لاندی

metro

تونل

túnel

بس تمځای

paragem de autocarro

بار

bar

ریستورانت

restaurante

پوست بکس

caixa de correio

د کوڅی نښه

sinal de trânsito

د پارک کولو میتر

parquímetro

ژوبڼ

jardim zoológico

د لامبو حوض

piscina

مسجد

mesquita

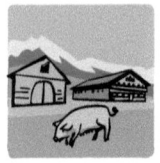

کرونده
....
quinta

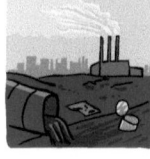

ناپاکي
....
poluição

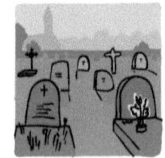

هديره
....
cemitério

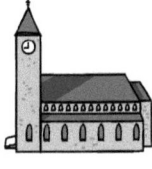

چرچ
....
igreja

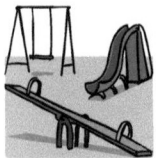

د لوبو ډګر
....
parque infantil

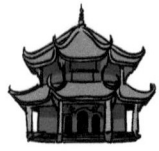

معبد/کليسا
....
templo

منظره
paisagem

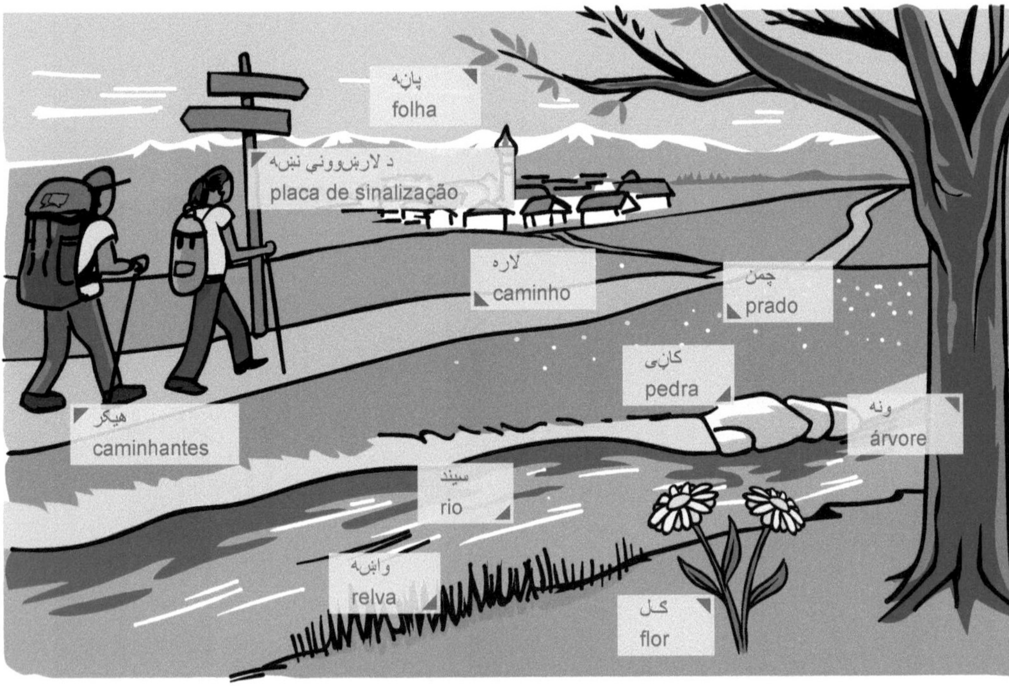

پاڼه
folha
د لارښووني نښه
placa de sinalização
لاره
caminho
چمن
prado
کاڼی
pedra
ونه
árvore
هيګر
caminhantes
سيند
rio
واښه
relva
ګل
flor

دره
....
vale

غوندی
....
montanha

ناور
....
lago

ځنګل
....
floresta

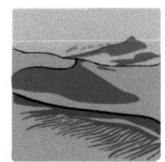

دشته
....
deserto

اورشیندی
....
vulcão

کلا
....
castelo

رنګـین کمان
....
arco-íris

مرخیړي
....
cogumelo

پلم ونه
....
palma

ماشي
....
mosquito

الوتل
....
mosca

مږیری
....
formiga

مچۍ
....
abelha

غوند/جولا
....
aranha

كـونگـت

besouro

چونگکنـه

sapo

نولى

esquilo

زيركى

ouriço

سوى

lebre

کـونگ

coruja

مرغى

pássaro

قازه

cisne

نرخوگ

javali

هوسى

veado

گـاوزه

alce

بند

barragem

بادي توربين

turbina eólica

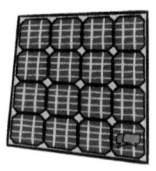

سولر تختى

painel solar

اقليم

clima

ریسټورانټ

restaurante

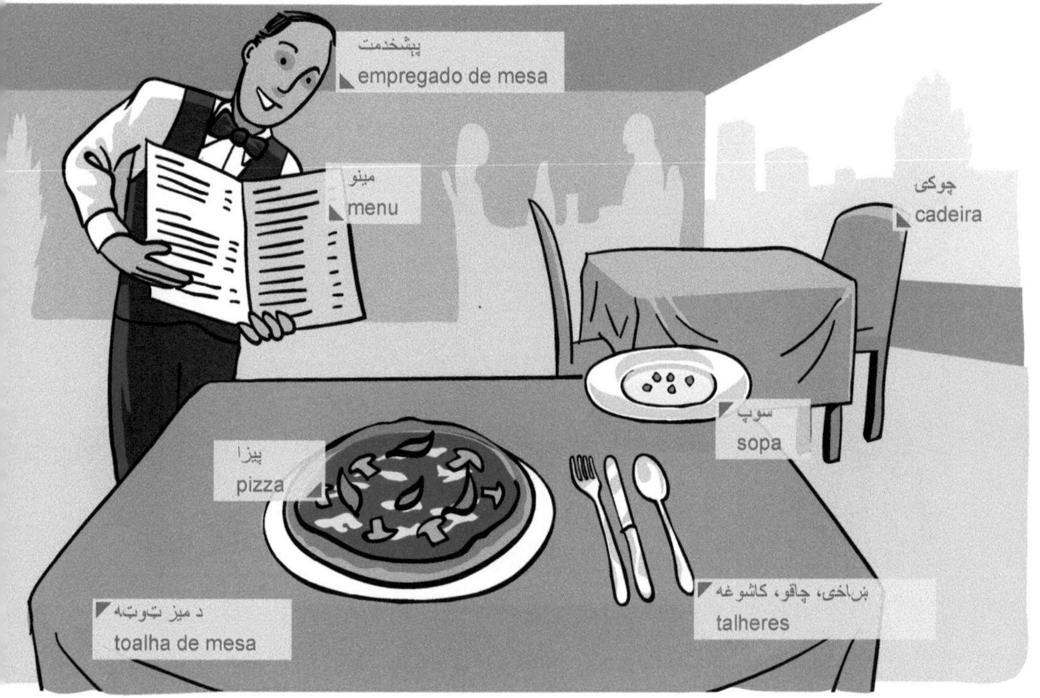

پیشخدمت
empregado de mesa
مینو
menu
چوکۍ
cadeira
سوپ
sopa
پیزا
pizza
د میز ټوټه
toalha de mesa
بڼاخۍ، چاقو، کاشوغه
talheres

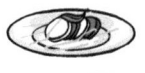

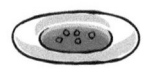

سټارټر

entrada

اصلي خواړه

prato principal

شیریني

sobremesa

څښاک

bebidas

خواړه

comida

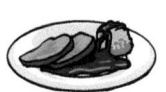

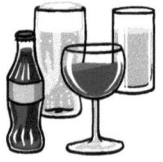

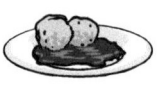

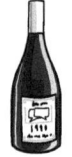

بوتل

garrafa

فاست فود

fast food

د کوڅې خواره

comida de rua

چای جوش

bule de chá

قندانی

açucareiro

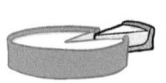

برخه

porção

اسپرسو مشین

máquina de café expresso

لوړه چوکی

cadeira alta

رسید

conta

مجمه

bandeja

چاکو

faca

پنجه

garfo

قاشق

colher

چای قاشق

colher de chá

سورویت

guardanapo

ګلاس

copo

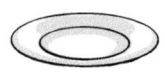

پلیت

prato

د سوپ پلیت

prato de sopa

نالبکی

pires

ساس

molho

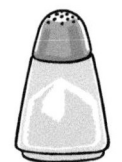

مالګه شیندونکی

saleiro

د مرچ ټکولو لوخی

moinho de pimenta

سرکه

vinagre

غوري

óleo

مساله

especiarias

کچ اپ

ketchup

ښرښم

mostarda

چکه

maionese

لوی پلورنځی

supermercado

خانګړی وړاندیز
oferta especial
FOR
پیرودونکی
cliente
لبنیات
laticínios
مېوه
fruta
لاسي څرخ
carrinho de compras

BUTCHERS

قصابي

talho

BAKERY

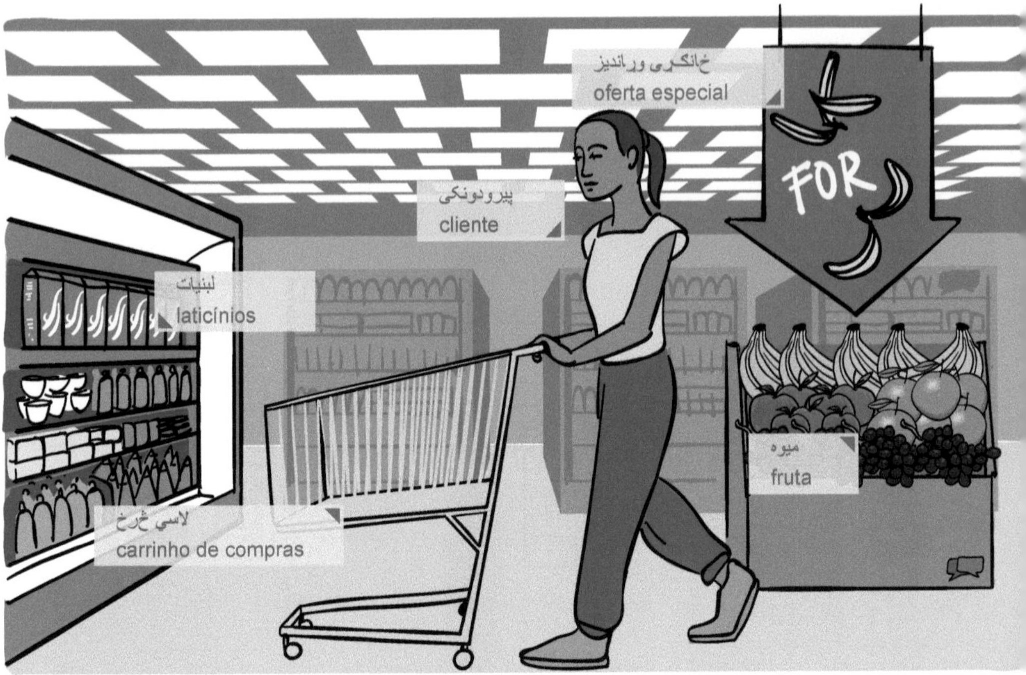

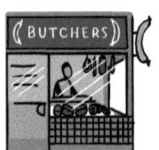

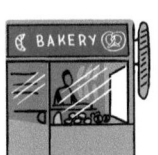

نانوایی

padaria

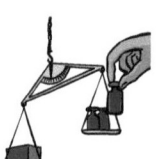

وزن کول

pesar

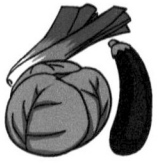

سبزیجات

vegetais

غوښه

carne

کنګل خواړه

alimentos congelados

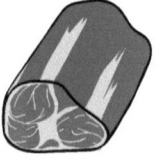

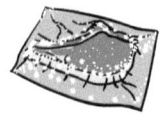

يخه غوښه

charcutaria

کنسروا خواړه

comida enlatada

د مینځلو پوډر

detergente em pó

شیریني

doces

کورني تولیدات

artigos domésticos

د پاکولو محصولات

produtos de limpeza

د پلور فرد

vendedora

د نغدي راجستر

caixa

صراف

caixa

د پیرود لیست

lista de compras

کاري ساعتونه

horário de funcionamento

بټوه

carteira

کریډیټ کارت

cartão de crédito

کڅوړه

saco

پلاستیک کڅوړه

saco de plástico

اوبه
....
água

جوس
....
sumo

شیده
....
leite

کوک
....
coca-cola

واین
....
vinho

بیر
....
cerveja

الکول
....
álcool

ککاو
....
cacau

چای
....
chá

کافي
....
café

أسپرسو
....
café expresso

کپچینو
....
capuccino

کيله

banana

منه

maçã

نارنج

laranja

هندوانه

melão

ليمو

limão

گازره

cenoura

هوره

alho

بانکس

bambu

پياز

cebola

مرخيري

cogumelo

چغزی

nozes

آش

talharim

سپیگتي
esparguete

وریجي
arroz

سلاد
salada

چیپس
batatas fritas

سره کري کچالو
batatas fritas

پیزا
pizza

همبرګر
hambúrguer

ساندویچ
sanduíche

کتره
bife panado

د پټون غوښه
fiambre

سلمي
salame

ساسچ
salsicha

چرک
galinha

روسټ
assado

کب
peixe

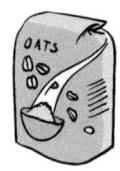

د وربشی شیرنی

flocos de aveia

موسلي

muesli

د جوار پلی

flocos de milho

اوړه

farinha

کروسانت

croissant

د ډوډی رول

carcaça (pãozinho)

ډوډی

pão

نّوسټ

torrada

بسکیت

biscoitos

کوچ

manteiga

چکه

requeijão

کیک

bolo

هګۍ

ovo

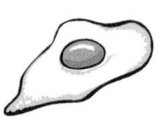

پښې هګۍ

ovo estrelado

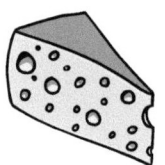

پنیر

queijo

آيس كريم

gelado

بوره

açúcar

شهد

mel

مربا

compota

نوگات کريم

creme de nougat

کورکمان

caril

کرونده

quinta

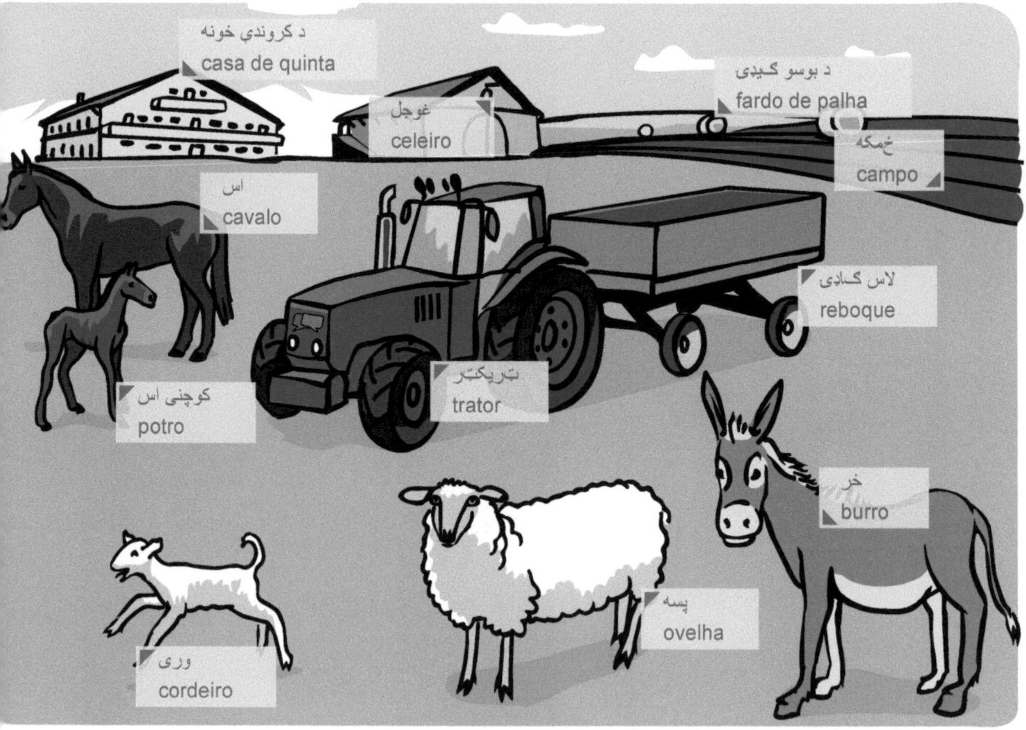

د کروندي خونه
casa de quinta
غوجل
celeiro
د بوسو گیډی
fardo de palha
ځمکه
campo
اس
cavalo
لاس گاډی
reboque
کوچنی اس
potro
تریکټر
trator
خر
burro
پسه
ovelha
وری
cordeiro

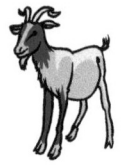

وزه

cabra

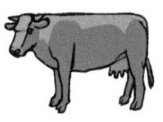

غوا

vaca

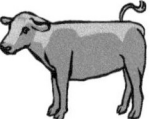

خوسکی

bezerro

خوگ

porco

د خوگ بچی

leitão

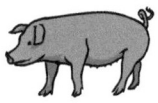

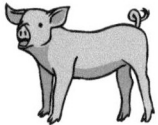

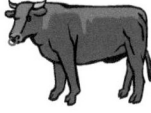

غویی

touro

بتـه

ganso

هيلى

pato

چرګوړى

pintaínho

چرګه

galinha

بانګي

galo

سارای موږک

ratazana

پيشک

gato

موږک

rato

غویی

boi

سپی

cão

د سپي خونه

casota

د باغ هوز

mangueira de jardim

د اوبو لوخی

regador

لور (داس)

foice

یوی

arado

لور

foice

رمبی

enxada

بښاخی

forquilha

تبر

machado

کراچی

carrinho de mão

ناوه

manjedoura

د شیدو لوخی

jarro de leite

جوال

saco

کتاره

cerca

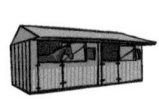

مضبوط

estábulo

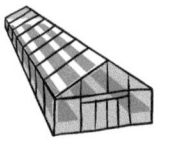

شنه خونه

estufa

خاوره

solo

تخم

semente

سره/کود

fertilizante

گد ریبونکی ماشین

ceifeira-debulhadora

زيرمه کول

colher

درمند

colheita

خوابره کچالو

inhame

غنم

trigo

سويا

soja

کچالو

batata

جوار

milho

نباتي تخم

colza

د ميوي ونه

árvore de fruto

مانيوک

mandioca

غله

cereais

کور

casa

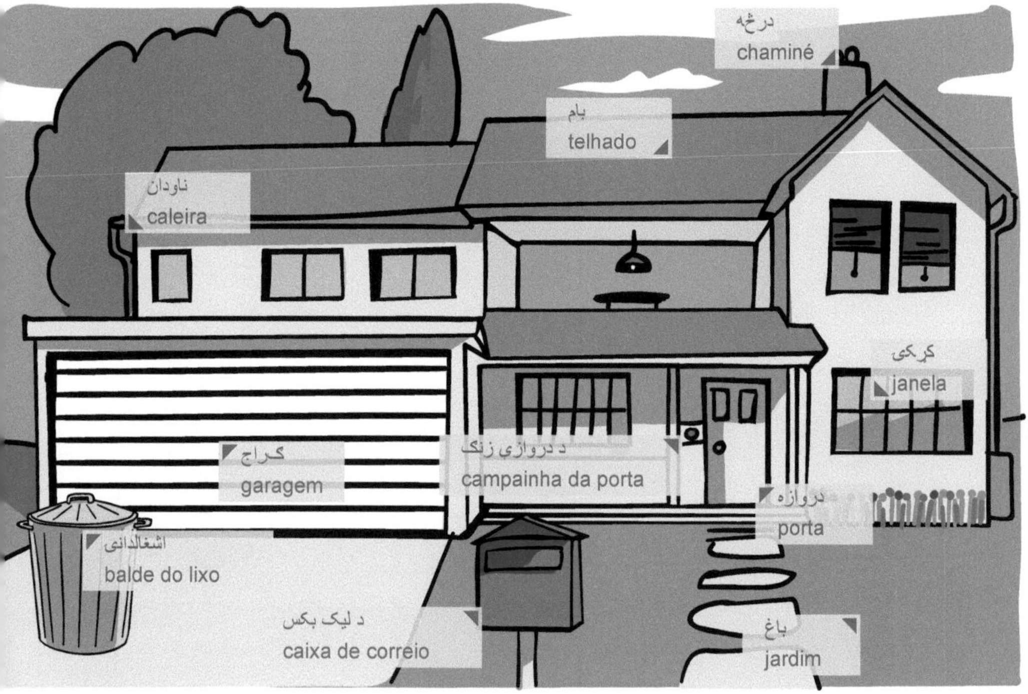

درځه
chaminé
بام
telhado
ناودان
caleira
کړکۍ
janela
ګراج
garagem
د دروازې زنګ
campainha da porta
دروازه
porta
اشغالدانی
balde do lixo
د لیک بکس
caixa de correio
باغ
jardim

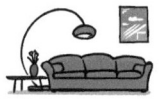

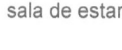

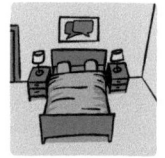

د اوسیدو خونه

sala de estar

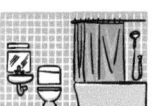

حمام

casa de banho

پخلنځی

cozinha

د ویده کیدو خونه

quarto de dormir

د ماشوم خونه

quarto de criança

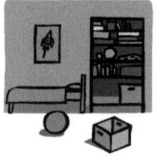

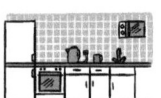

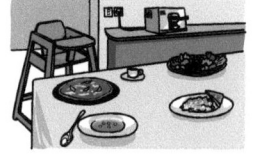

د خوارو خونه

sala de jantar

فرش

chão

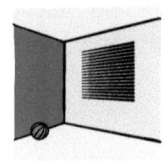

ديوال

parede

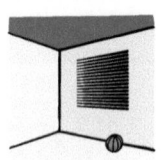

چت

teto

زيرخانه

cave

سونا

sauna

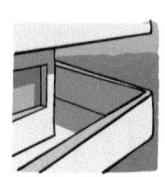

بالكوني

varanda

تراس

terraço

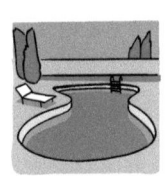

حوض

piscina

د چمن وهلو ماشين

máquina de cortar relvado

ثنيت

lençol

روجايى

cobertor

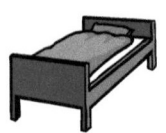

تخت

cama

جارو

vassoura

بوكه

balde

سويچ

interruptor

د اوسیدو خونه

sala de estar

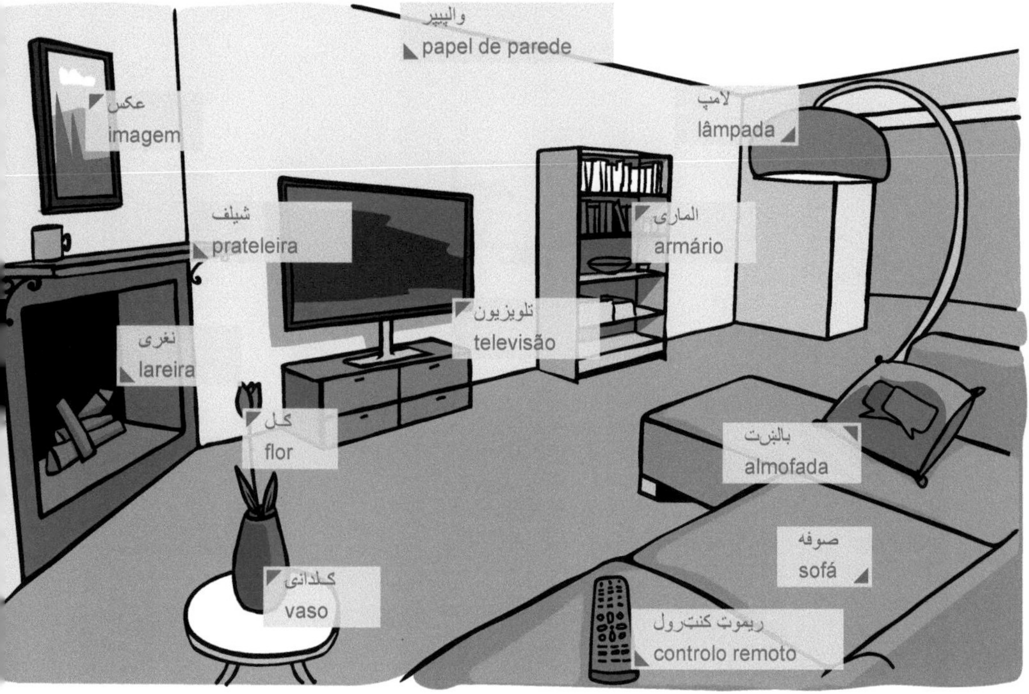

والپیپر
papel de parede
عکس
imagem
لامپ
lâmpada
شیلف
prateleira
الماری
armário
تلویزیون
televisão
نغری
lareira
ګل
flor
بالښت
almofada
صوفه
sofá
ګلدانی
vaso
ریموټ کنټرول
controlo remoto

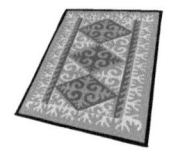

غالی

tapete

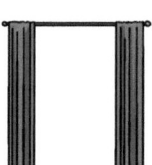

پرده

cortina

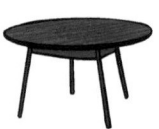

میز

mesa

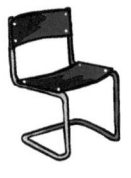

چوکی

cadeira

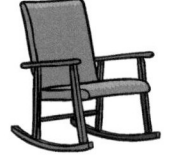

تاویدونکي چوکی

cadeira de baloiço

بازو لرونکی چوکی

poltrona

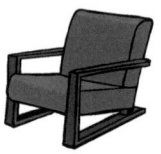

كتاب

livro

كمپل

cobertor

ديكوريشن

decoração

د اور لرګي

lenha

فلم

filme

هايفاى

sistema estéreo

كلي

chave

ورځپانه

jornal

نقاشي

pintura

پوستر

póster

راديو

rádio

كتابچه

bloco de notas

واكيوم جارو

aspirador

كاكتوس

cato

شمع

vela

پخلنځی
cozinha

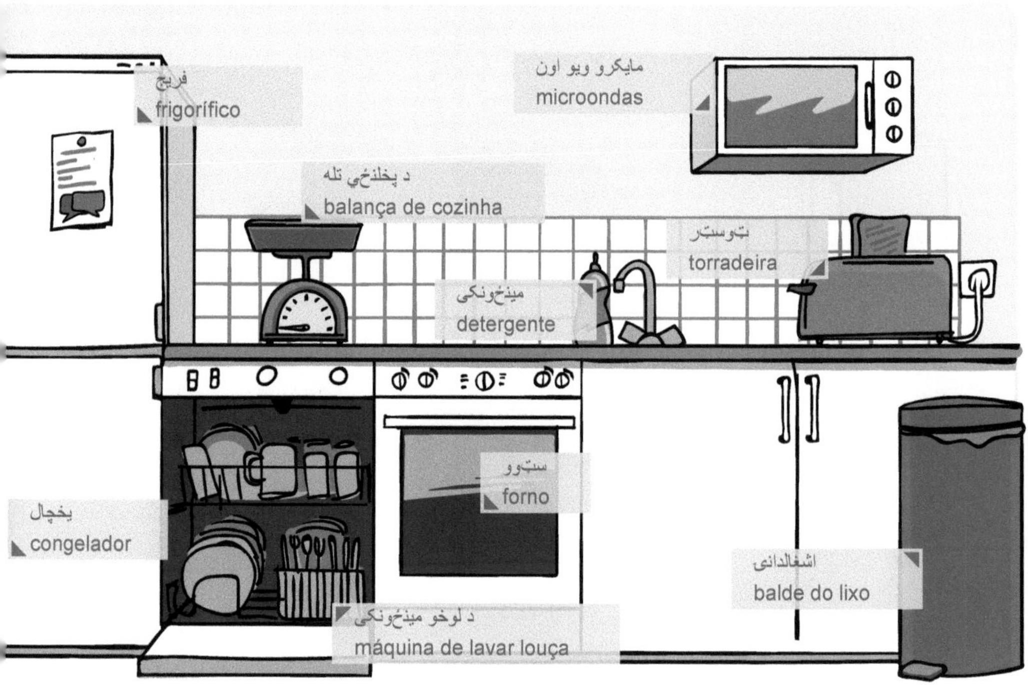

فریج
frigorífico
مایکرو ویو اون
microondas
د پخلنځي تله
balança de cozinha
ټوسټر
torradeira
مینځونکی
detergente
سټوو
forno
یخچال
congelador
اشغالدانی
balde do lixo
د لوخو مینځونکی
máquina de lavar louça

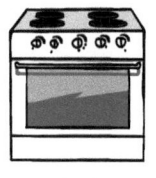

دیګ بخار

fogão

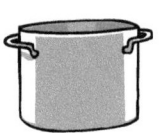

لوخی

panela

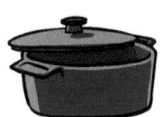

چدني لوخی

panela de ferro

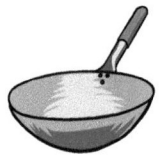

ووک

wok / kadai

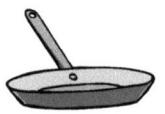

د تلي په

frigideira

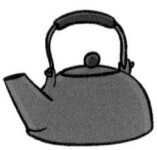

چای جوش

chaleira

د بخار دیگ

panela a vapor

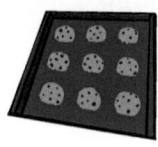

پتنوس

tabuleiro de forno

لوخي

louça

مگ

caneca

کاسه

tigela

د رانيولو اوزار

pauzinhos

څمڅۍ

concha de sopa

کفګیر

espátula

پاکونکی

batedor de claras

صافي

escorredor

غلبیل

peneira

ګریتر

ralador

اونګ

almofariz

بار بي کيو

churrasqueira

خلاص اور

lareira

تخته

tábua de cortar

هوارونکی

rolo da massa

کارک سکریو

saca-rolhas

ټیم

lata

د ټیم خلاصونکی

abridor de latas

د لوخي ټوټه

luvas de forno

ظرف شوی

lava-loiça

برس

escova

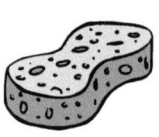

سپنج

esponja

بلیندر

liquidificador

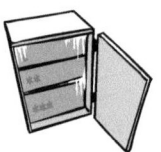

ژور یخچال

arca frigorífica

د ماشوم بوتل

biberão

نل

torneira

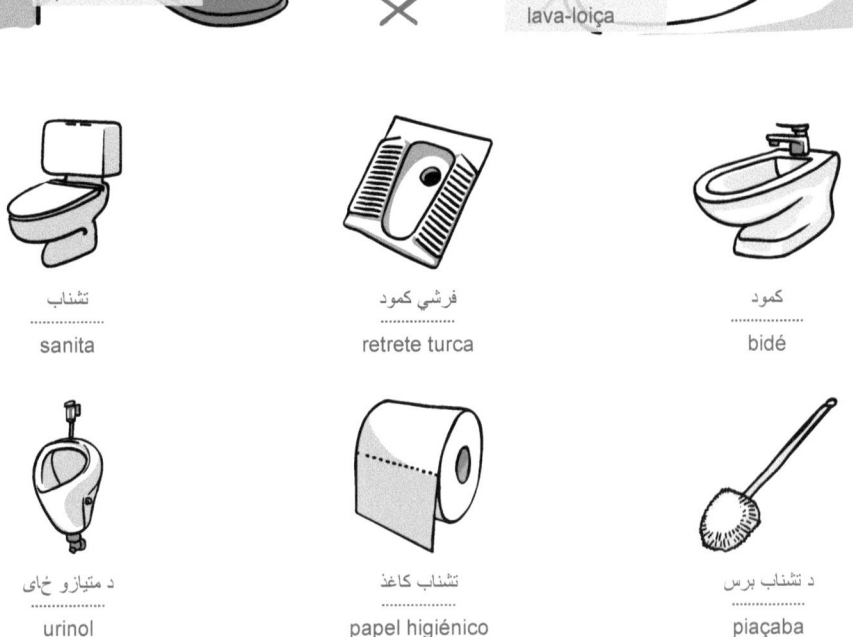

حمام

casa de banho

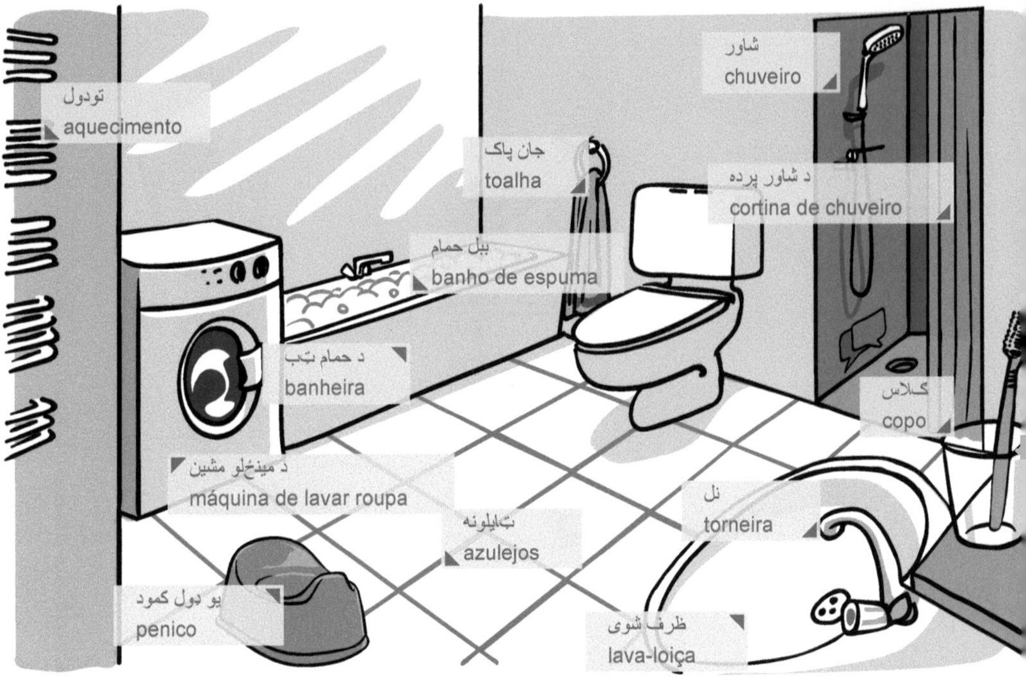

شاور
chuveiro
تودول
aquecimento
جان پاک
toalha
د شاور پرده
cortina de chuveiro
ببل حمام
banho de espuma
د حمام ټب
banheira
ګلاس
copo
د مینځلو مشین
máquina de lavar roupa
نل
torneira
ټایلونه
azulejos
یو ډول کمود
penico
ظرف شوی
lava-loiça

تشناب

sanita

فرشي کمود

retrete turca

کمود

bidé

د متيازو ځای

urinol

تشناب کاغذ

papel higiénico

د تشناب برس

piaçaba

د غاښونو برس

escova de dentes

د غاښونو کریم

pasta de dentes

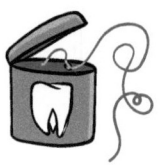

د غاښونو نخ

fio dentário

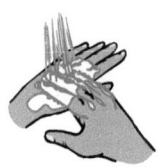

مینځل

lavar

لاسي شاور

chuveiro de mão

دوش

duche íntimo

خانک

bacia

د شا برس

escova para as costas

صابون

sabonete

د شاور ژل

gel de banho

شامپو

champô

فلانل جامه

toalha de rosto

وچول

escoamento

کریم

creme

سپری

desodorizante

آینه

espelho

لاسي آینه

espelho de mão

ریزر

máquina de barbear

د خریلو فوم

creme de barbear

د خریلو وروسته

loção pós-barba

کمذخ

pente

برس

escova

د ویښتانو وچونکی

secador de cabelo

د ویښتانو سپری

spray de cabelo

میک اپ

maquilhagem

لیپ سټیک

batom

د نوکانو پالش

verniz de unhas

کاټن وری

algodão

ناخن گیر

tesoura para unhas

عطر

perfume

د مینځلو کڅوړه

nécessaire

ستول

tamborete

د وزن کولو تله

balança

د حمام پوښاک

roupão de banho

د ربړ دستکش

luvas de borracha

تامپون

tampão

صحیی جان پاک

penso higiénico

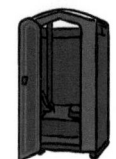

کیمیکل تشناب

WC químico

د ماشوم خونه

quarto de criança

د الارم ساعت
despertador
د لوبو وسایل
peluche
د ناڅکي موټر
carro de brincar
ریټل
chocalho
د ناڅکو خونه
casa de bonecas
ډالۍ
presente

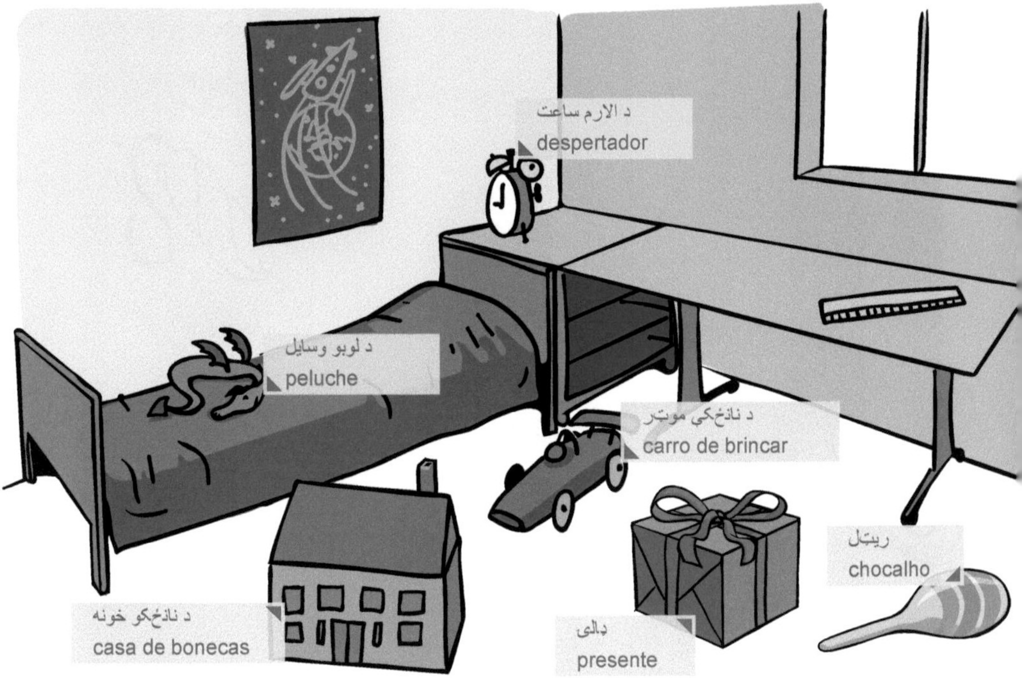

بالون

balão

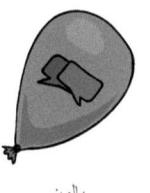

تخت

cama

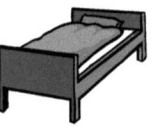

کالسکه

carrinho de bebé

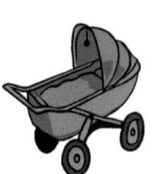

د لوبو ورقې

jogo de cartas

جیګسا

quebra-cabeças

SUPER
MEGA

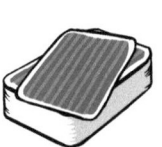

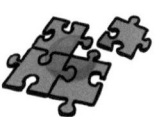

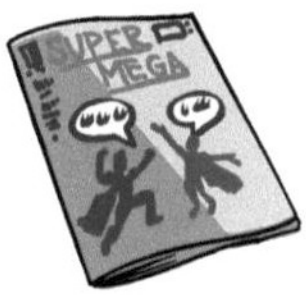

مسخره

banda desenhada

ليګو بريک

peças de Lego

د نانخکو بلاک

blocos de construção

د اكشن فيګور

figura de ação

د ماشوم پوښاک

fato de bebé

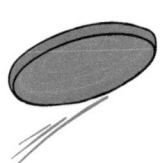

فريزبي

Frisbee

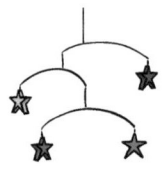

موبايل

móbile para bebé

بورډ لوبه

jogo de tabuleiro

تاس

dados

مادل ريل سيټ

pista de comboio elétrico

کونګشی

chupeta

پارټي

festa

د عکسونو البوم

livro ilustrado

بال

bola

نانخکه

boneca

لوبيدل

jogar

د شگو کنده

caixa de areia

سوینگ

baloiço

نازخکي

brinquedos

د ویدیو لوبو کنسول

consola de jogos

نترای سایکل

triciclo

کوډکه

ursinho de peluche

د کالو الماری

guarda-roupa

vestuário

جرابی

meias

لوري جرابی

meias pelo joelho

ټایټس

meias-calças

زروکی
cachecol

چتری
guarda-chuva

کمربند
cinto

تي شرت
t-shirt

بوتان
botas

سلیپر
chinelos

سنیکر
sapatilhas

سیندل
sandálias

بوتان
sapatos

د ربر بوتان
botas de borracha

زیرنیکري
cuecas

سینه بند
sutiã

واسکت
camisola interior

بادي

body

پتلون

calças

جينز

calças de ganga

لمن

saia

بلاوز

blusa

شرت

camisa

بنيان

pulôver

سويټر

camisola com capuz

بليزر

blazer

جاكټ

casaco

کوټ

manto

د باران کوټ

gabardina

پوښاک

traje

کالي

vestido

د واده پوښاک

vestido de casamento

دريشي

fato

د شپي پوښاک

camisa de dormir

پاجامه

pijama

ساري

sari

لوپیته

lenço de cabeça

پټکی

turbante

برقه

burca

کفتن

cafetã

عبا

abaya

د لامبو پوښاک

fato de banho

نیکر

calções de banho

شارټ

calções

د خڅغاستي پوښاک

fato de treino

پیش بند

avental

دستکش

luvas

بتـن

botão

عینک

óculos

لاس بند

pulseira

غاره کی

colar

گـوتمه

anel

غوږروالی

brinco

خولی

boné

کوټ بند

cabide

خولی

chapéu

نـایـی

gravata

ځنځير

fecho de correr

هیلمیټ

capacete

تـرونکی

suspensórios

د ښوونځي یونیفارم

uniforme escolar

یونیفارم

uniforme

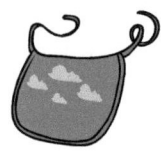

بيب

babete

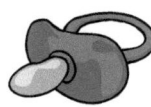

ګـونګـشی

chupeta

نيپي

fralda

دفتر
escritório

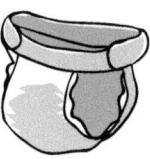

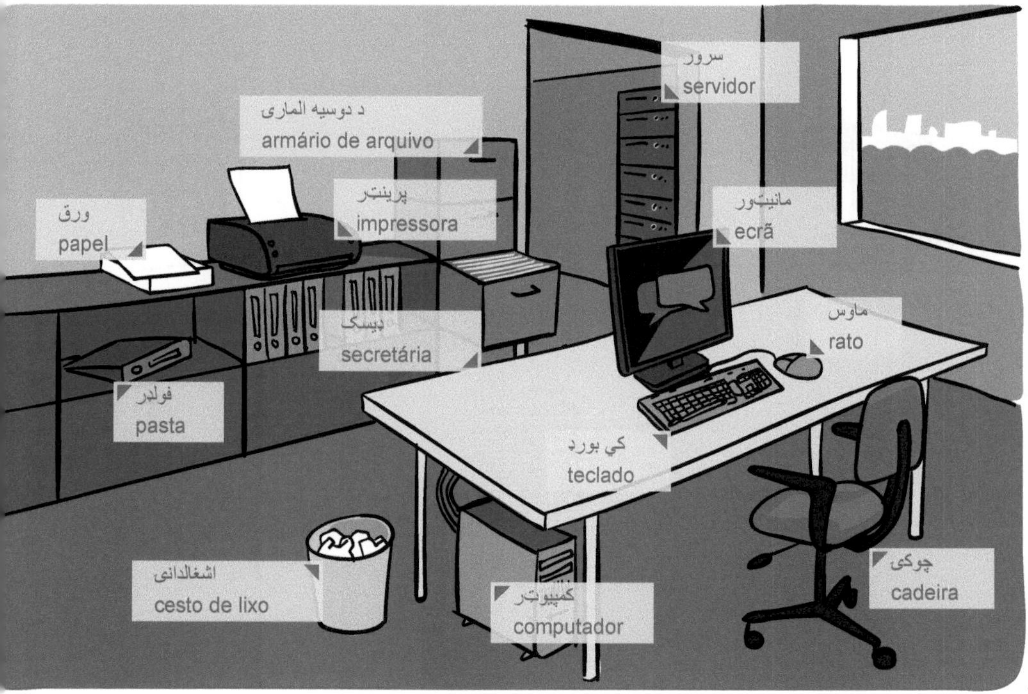

سرور
servidor
د دوسيه الماری
armário de arquivo
پرينټر
impressora
ورق
papel
مانيټور
ecrã
ډيسک
secretária
ماوس
rato
فولډر
pasta
کي بورډ
teclado
اشغالدانی
cesto de lixo
کمپيوټر
computador
چوکی
cadeira

د کافي پياله

caneca de café

کالکوليټر

calculadora

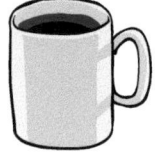

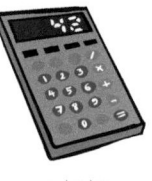

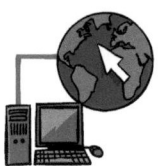

انټرنيټ

internet

لپ ټاپ

computador portátil

لیک

carta

پیغام

mensagem

موبایل

telemóvel

نیټورک

rede

فوتوکاپیر

fotocopiadora

سافټویر

software

تلیفون

telefone

پلک ساکټ

tomada elétrica

فکس مشین

fax

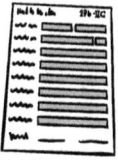

فارم

formulário

سند

documento

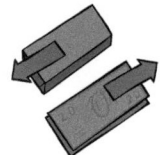

پیرل

comprar

تادیه کول

pagar

سوداګري کول

negociar

پیسی

dinheiro

ډالر

dólar

یورو

euro

ین

yen

ربل

rublo

سویسي فرانک

franco suíço

رینمینبي یوان

renminbi yuan

روپۍ

rupia

د نغدي پیسو خای

caixa de multibanco

د اسعارو د تبادلي دفتر

casa de câmbio

سره زر

ouro

سپین زر

prata

تیل

petróleo

انرژي

energia

نرخ

preço

قرارداد

contrato

مالیه

imposto

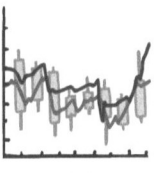

اسهام

ação

کار کول

trabalhar

کارمند

empregado

کار ګومارونکی

entidade patronal

فابریکه

fábrica

پلورندخی

loja

profissões

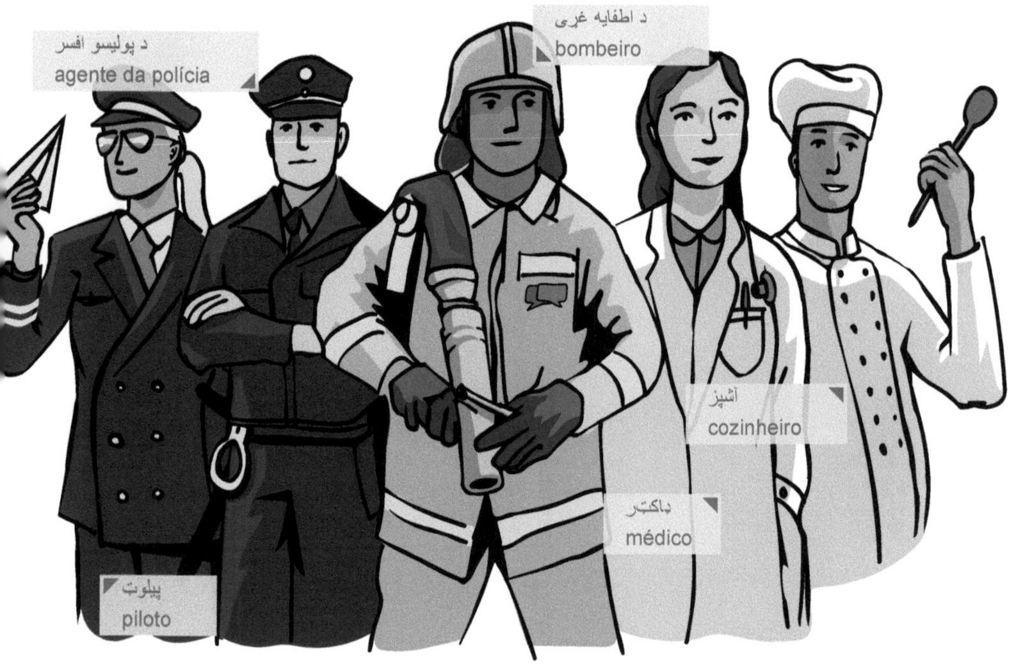

د پولیسو افسر
agente da polícia
د اطفایه غړی
bombeiro
آشپز
cozinheiro
ډاکټر
médico
پیلوټ
piloto

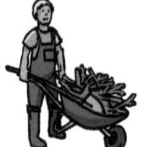

باغوان
....
jardineiro

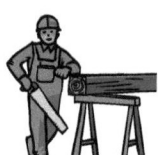

نجار
....
carpinteiro

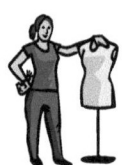

خیاط
....
costureira

قاضي
....
juiz

کیمیا پوه
....
químico

د فلم لوبغاړی
....
ator

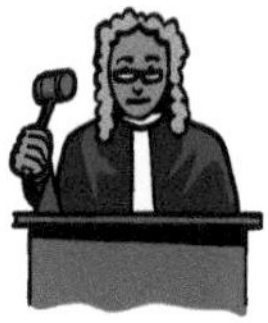

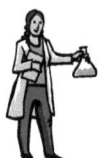

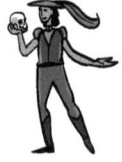

د بس ډرايور

motorista de autocarro

د ټيکسي ډرايور

motorista de táxi

کب نيونکی

pescador

خدمه

empregada de limpeza

بام جوړونکی

telhador

پيښخدمت

empregado de mesa

ښکاري

caçador

نقاش

pintor

نانوا

padeiro

د برېښنا کارکونکی

eletricista

تعمير جوړونکی

construtor

انجينر

engenheiro

قصاب

talhante

نلدوان

canalizador

پوست رسونکی

carteiro

سرتيرى

soldado

مهندس

arquiteto

صراف

caixa

ماليار

florista

نابى

cabeleireiro

كليندر

controlador de bilhetes

ميكانيک

mecânico

كپتان

capitão

د غاښونو ډاكتر

dentista

ساينس پوه

cientista

بن اغلى

rabino

امام

imã

مذهبي نفر

monge

پادري

pastor

لوازم
ferramentas

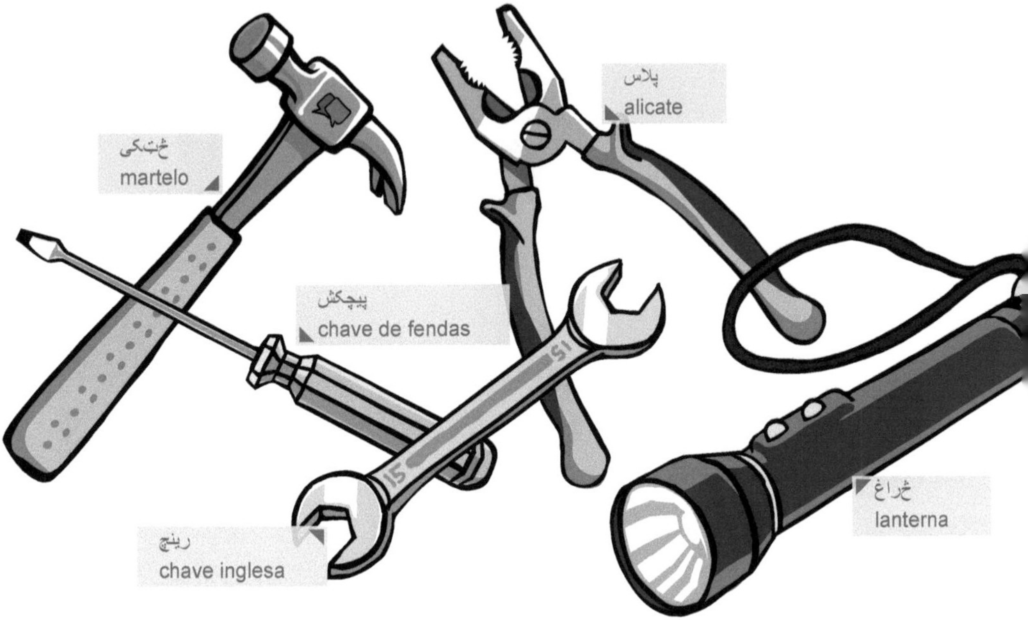

څټکی
martelo
پلاس
alicate
پیچکش
chave de fendas
رینچ
chave inglesa
څراغ
lanterna

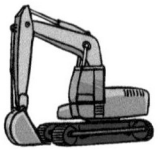

کنستونکی

escavadora

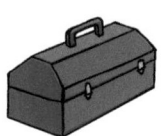

د لوازمو بکس

caixa de ferramentas

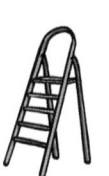

زینه

escadote

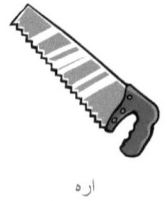

اره

serra

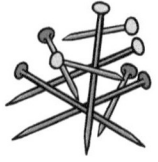

میخونه

pregos

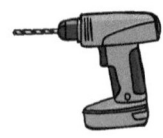

برمه

broca

ترميم كول

reparar

بيل

pá

لعنت!

porcaria!

خاک انداز

pá de lixo

مشوانی

pote de tinta

پيچونه

parafusos

د ميوزيک آلات

instrumentos musicais

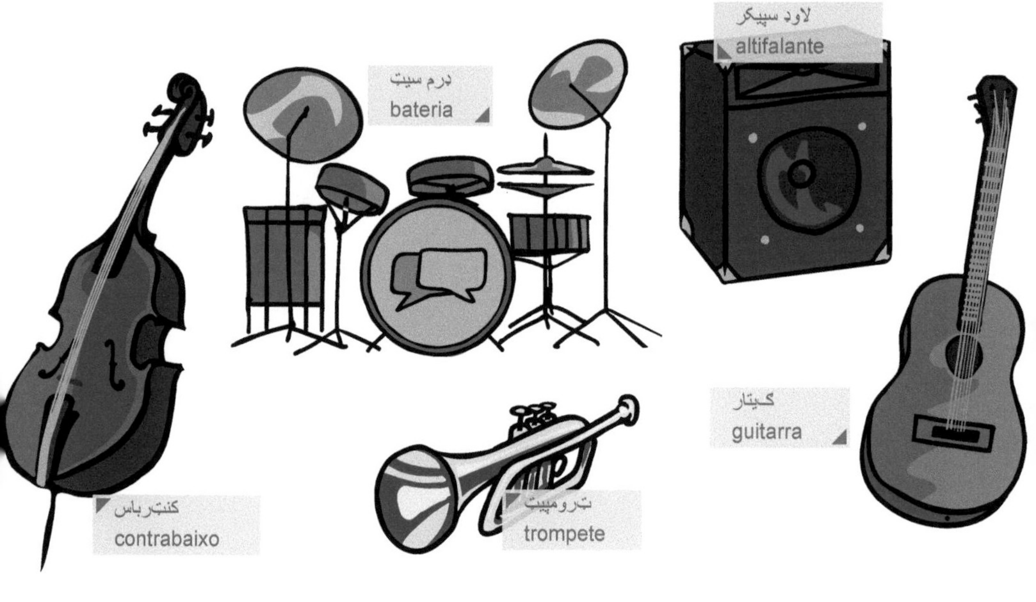

درم سيت
bataria

لاود سپيکر
altifalante

کيتار
guitarra

کنټرباس
contrabaixo

تروم‌پيټ
trompete

پیانو

piano

وایلن

violino

باس

baixo

نغاره

timbales

ډرمونه

tambor

کي بورډ

teclado

سیکسافون

saxofone

ښپیلی

flauta

مایکروفون

microfone

jardim zoológico

ننوتولاره
entrada

پړانګ
tigre

پنجره
gaiola

کوره خر
zebra

د ژوي خواره
ração animal

پاندا
panda

ژوی
....
animais

هاتي
....
elefante

کنګرو
....
canguru

د اوبو اسپ
....
rinoceronte

ګوريلا
....
gorila

ایرسه
....
urso

اوښ

camelo

شترمرغ

avestruz

زمری

leão

بيزو

macaco

غزی

flamingo

طوطي

papagaio

قطبي ايږه

urso polar

پينگوين

pinguim

شارک

tubarão

طاوس

pavão

مار

cobra

تمساح

crocodilo

ژوبن ساتونکی

guarda do jardim zoológico

سيل

foca

جگوار

jaguar

يابو

pónei

پرانگ

leopardo

هيپو

hipopótamo

زرافه

girafa

باز

águia

نرخوگ

javali

کب

peixe

شمشتی

tartaruga

سمندري نولی

morsa

گيدره

raposa

هوسی

gazela

امریکایی فټبال
futebol americano

سایکل چلول
ciclismo

تنیس
ténis

باسکیټبال
basquetebol

لامبو
natação

د کنګل هاکي
hóquei no gelo

باکسینګ
boxe

فټبال
futebol

کسیزه
badminton

د خغاستي لوبي
atletismo

د هندبال
andebol

سکي
esqui

پولو
polo

ټوپ وهل
saltar

غاړه ورکول
abraçar

خندل
rir

ګرځيدل
andar

سندري ويل
cantar

عبادت کول
rezar

مچو کول
beijar

خوب ليدل
sonhar

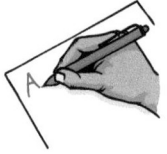

ليکل
escrever

کبنل
desenhar

بنرودل
mostrar

ټيله کول
empurrar

ورکول
dar

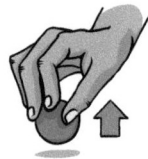

اخيستل
tomar

درلولدل

ter

کول

fazer

پایپدل

ser

ودریدل

ficar de pé

منډي وهل

correr

راکښل

puxar

ګوزارل

remessar

لویدل

cair

څملاستل

deitar

انتظار کول

esperar

ورل

carregar

کښېناستل

sentar

پوښاک اغوستل

vestir

ویده کېدل

dormir

پاڅېدل

acordar

کتل

olhar para

ژړل

chorar

بريد کول

acariciar

ګمنځخ کول

pentear

خبري کول

falar

پوهيدل

compreender

غوښتل

perguntar

اوريدل

ouvir

څښل

beber

خوړل

comer

پاکول

arrumar

مينه کول

amar

پخلی کول

cozinhar

موټر چلول

conduzir

الوتل

voar

بیری چلول

velejar

حساب

calcular

لوستل

ler

زده کول

aprender

کار کول

trabalhar

واده کول

casar

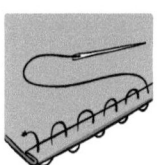

گنډل

costurar

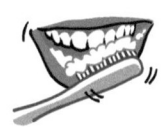

د غاښونو برس کول

escovar os dentes

وژل

matar

سګرټ څکول

fumar

لیږل

enviar

فعالیتونه - atividades

família

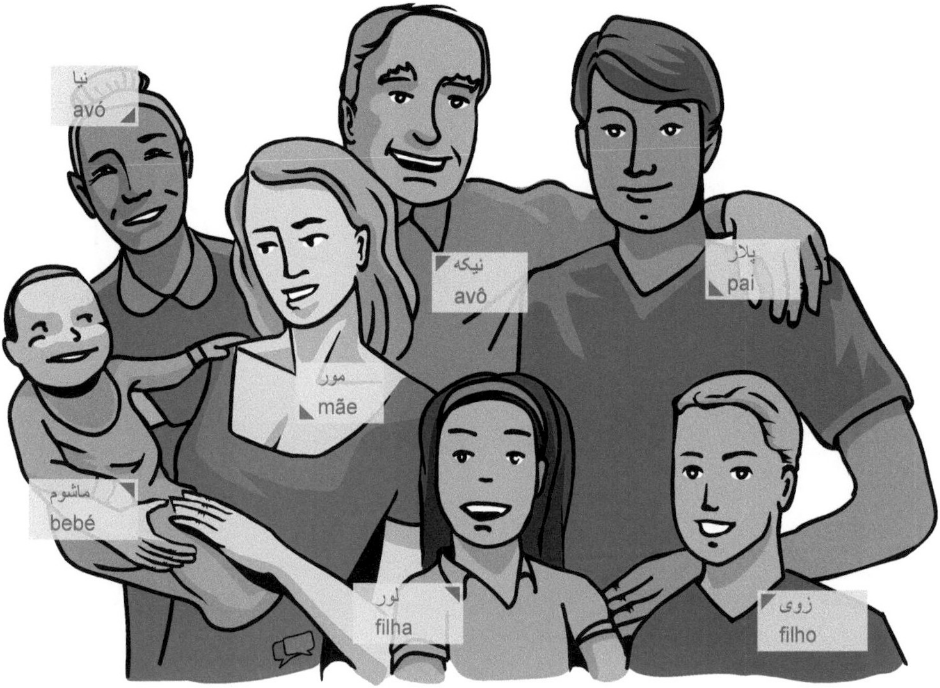

نیا
avó
نیکه
avô
پلار
pai
مور
mãe
ماشوم
bebé
لور
filha
زوی
filho

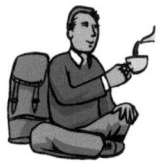

میلمه

convidado

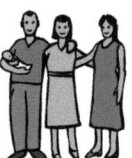

ترور

tia

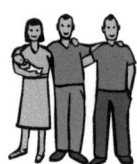

کاکا/ماما

tio

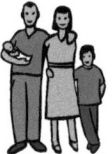

ورور

irmão

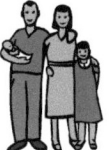

خور

irmã

corpo

تلدی
testa

سترګی
olho

اوږه
ombro

کوته
dedo

مخ
cara

زنه
queixo

لاس
mão

سینه
peito

پښه
perna

متّ
braço

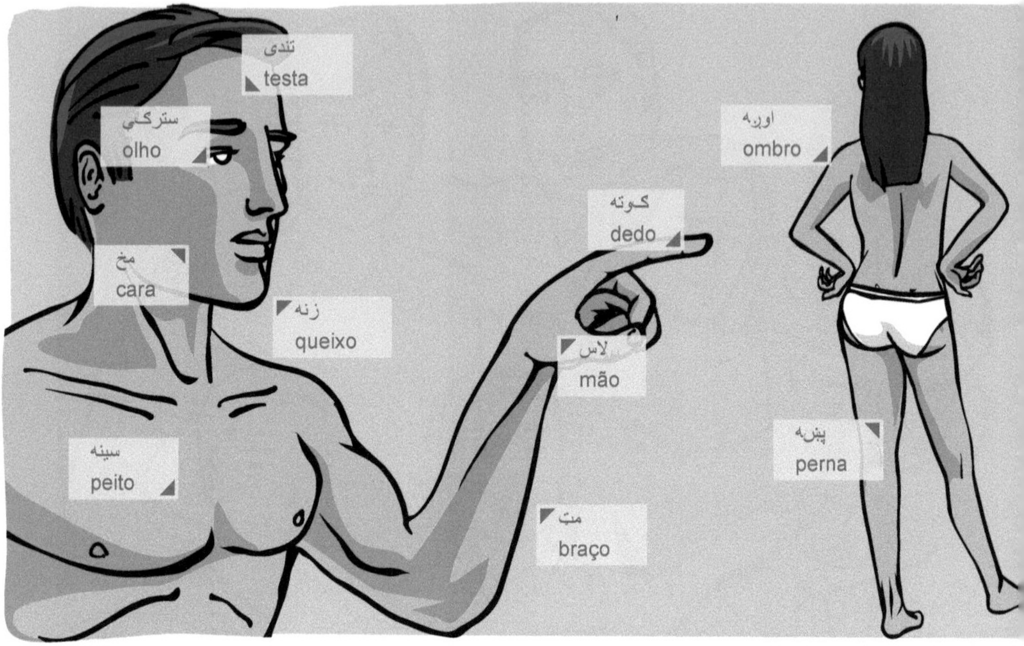

ماشوم
....
bebé

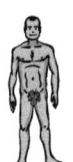

سړی
....
homem

ښځه
....
mulher

انجلۍ
....
menina

هلک
....
menino

سر
....
cabeça

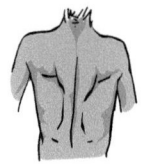

شا

costas

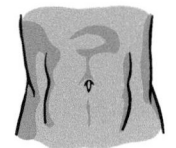

خیټه

barriga

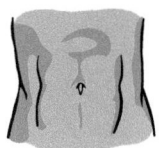

نوم

umbigo

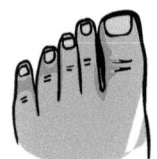

د پښي ګوته

dedo do pé

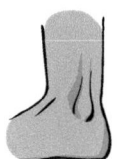

پونده

calcanhar

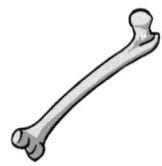

هډوکی

osso

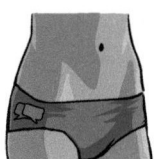

کوناټی

anca

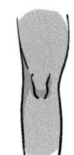

زنګون

joelho

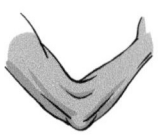

څنګل

cotovelo

پوزه

nariz

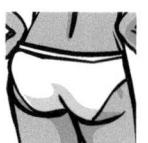

لاندي برخه

nádegas

پوټکی

pele

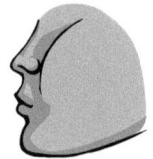

غومبوری

bochecha

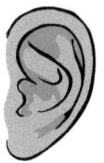

غوږ

orelha

شونډه

lábio

خوله

boca

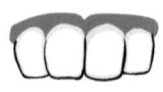

غابڼ

dente

ژبه

língua

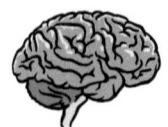

مغز

cérebro

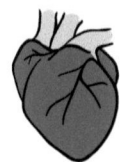

زره

coração

عضله

músculo

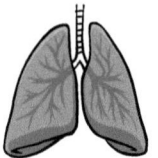

سږى

pulmão

ځيګر

fígado

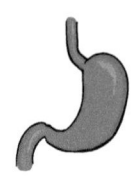

معده

estômago

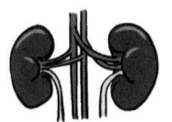

پښتورګي

rins

جنسي نږدي والى

relações sexuais

كاندوم

preservativo

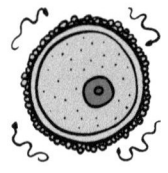

تخمه

óvulo

مني

esperma

حمل

gravidez

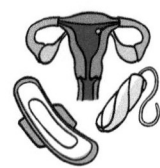

حيض

menstruação

مهبل

vagina

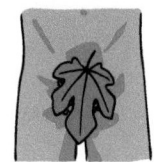

د نارينه تناسلي آله

pénis

وروځی

sobrancelha

ویښته

cabelo

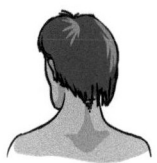

غاړه

pescoço

روغتون
hospital

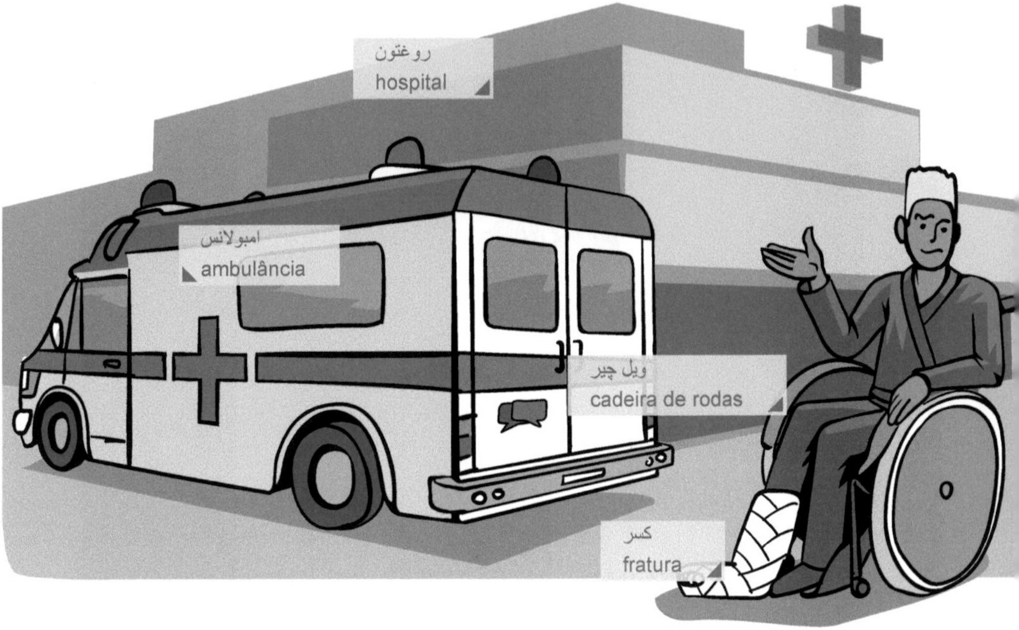
روغتون
hospital
امبولانس
ambulância
ویل چیر
cadeira de rodas
کسر
fratura

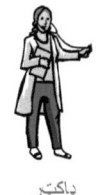

داکټر

médico

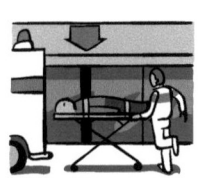

عاجل خونه

serviço de urgências

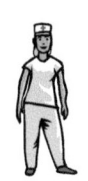

رنځورپال

enfermeira

عاجل

emergência

بې هوش

inconsciente

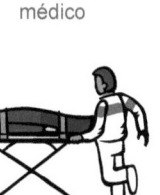

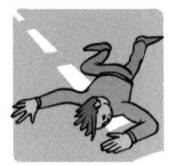

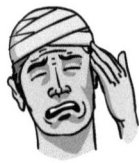

درد

dor

پتۍ

ferimento

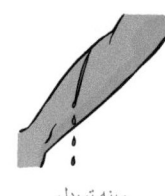

لویدل وینه

hemorragia

د زړه حمله

ataque cardíaco

ضرب

acidente vascular cerebral

حساسيت

alergia

ټوخی

tosse

تبه

febre

انفلوينزا

gripe

نس ناستی

diarreia

سر درد

dor de cabeça

سرطان

cancro

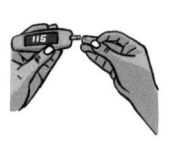

شکر

diabetes

جراح

cirurgião

سکالپل

bisturi

عمليات

operação

سی.تی

CT

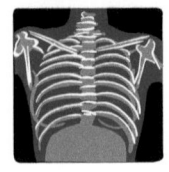

ایکس ری

raio x

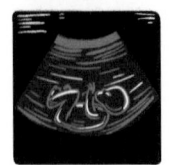

التراساوند

ultrassom

د مخ ماسک

máscara

ناروغي

doença

انتظار خونه

sala de espera

امساآ

muleta

پلستر

penso rápido

بنداژ

ligadura

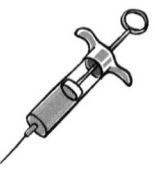

تزریق

injeção

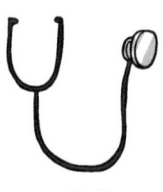

ستاتسکوپ

estetoscópio

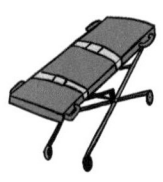

تسکیره

maca

کلینکي ترمامیتر

termómetro

زیږون

nascimento

زیات وزن

excesso de peso

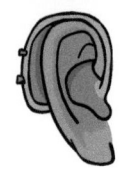

د اوريدو مرسته

aparelho auditivo

د عفونيت څخه پاکونکي مواد

desinfetante

عفونيت

infeção

ويروس

vírus

ايچ.آی.وی/ايدز

HIV / SIDA

درمل

medicamento

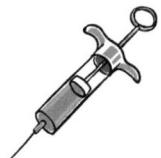

واکسين

vacinação

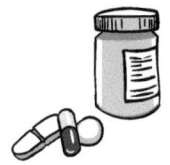

تابليټس

comprimidos

ګولۍ

pílula

عاجل تليفون

chamada de emergência

د وينې د فشار څارونکی

dispositivo de medição de
pressão arterial

ناروغ/روغ

doente / saudável

مرسته!

Socorro!

الارم

alarme

يرغل

assalto

بريد

ataque

خطر

perigo

عاجل لاره

saída de emergência

اور!

Fogo!

د اور وژونکی

extintor de incêndios

پیښه

acidente

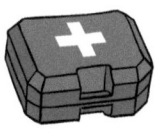

د لومړی مرستي لوازم

estojo de primeiros socorros

ايس.او.ايس

SOS

پوليس

polícia

اروپا

Europa

شمالي امریکا

América do Norte

سهیلي امریکا

América do Sul

افریقا

África

آسیا

Ásia

آسټرېلیا

Austrália

اتلانتیک

Atlântico

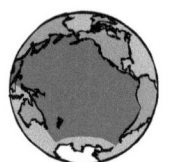

پاسیفیک

Pacífico

د هند بحر

Oceano Índico

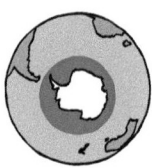

جنوبي منجمد بحر

Oceano Antártico

د شمال قطب بحر

Oceano Ártico

شمالي قطب

Polo Norte

سهيلي قطب

Polo Sul

انتـارکتـیکا

Antártica

خُمکه

terra

خُمکه

país

بحر

mar

نـتـاپو

ilha

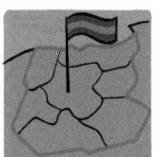

ملت

nação

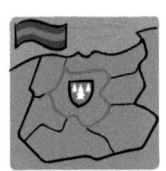

دولت

estado

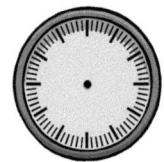

د مخي ساعت

mostrador do relógio

د ساعت ستنه

ponteiro das horas

د دقيقي ستنه

ponteiro dos minutos

د ثانيى ستنه

ponteiro dos segundos

څه وخت دى؟

Que horas são?

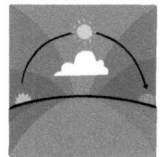

ورځ

dia

وخت

tempo

اوس

agora

ديجيتل ساعت

relógio digital

دقيقه

minuto

ساعت

hora

دوشنبه
segunda-feira

چهارشنبه
quarta-feira

جمعه
sexta-feira

سه شنبه
quinta-feira

پنجشنبه
quinta-feira

شنبه
sábado

یکشنبه
domingo

پرون
ontem

نن
hoje

سبا
amanhã

سهار
manhã

غرمه
meio-dia

ماښام
entardecer

MO	TU	WE	TH	FR	SA	SU
1	2	3	4	5	6	7
8	9	10	11	12	13	14
15	16	17	18	19	20	21
22	23	24	25	26	27	28
29	30	31	1	2	3	4

کاري ورځي
dias úteis

MO	TU	WE	TH	FR	SA	SU
1	2	3	4	5	6	7
8	9	10	11	12	13	14
15	16	17	18	19	20	21
22	23	24	25	26	27	28
29	30	31	1	2	3	4

د اونۍ پای
fim de semana

كال

ano

رنګين كمان
arco-íris
باران
chuva
واوره
neve
باد
vento
پسرلی
primavera
منی
outono
اوړی
verão
ژمی
inverno

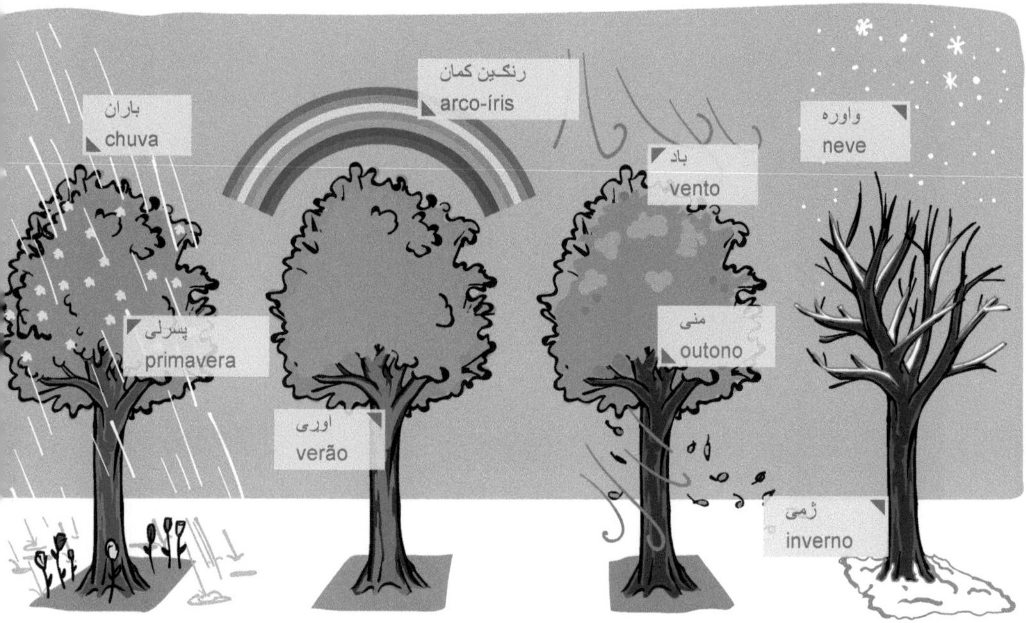

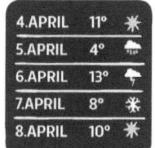

4.APRIL 11°
5.APRIL 4°
6.APRIL 13°
7.APRIL 8°
8.APRIL 10°

د موسم وړاندوينه

previsão do tempo

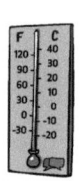

F C
120 40
90 30
60 20
30 10
0 0
-30 -10
-20

ترموميټر

termómetro

د لمر وړانګې

raios de sol

وريځ

nuvem

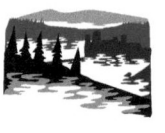

لړه

neblina / nevoeiro

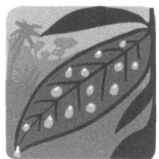

رطوبت

humidade do ar

رنا
....
relâmpago

تندر
....
trovão

توفان
....
tempestade

ژلى وريدل
....
granizo

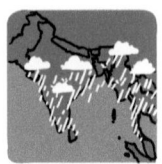

مون سون باران
....
monção

سيلاب
....
inundação

يخ
....
gelo

جنوري
....
janeiro

فبروري
....
fevereiro

مارچ
....
março

اپرېل
....
abril

مى
....
maio

جون
....
junho

جولاى
....
julho

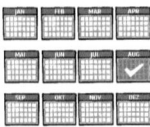

اكست
....
agosto

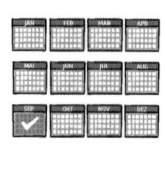

سپتمبر

setembro

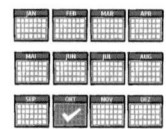

اکتوبر

outubro

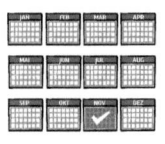

نومبر

novembro

دسمبر

dezembro

شکلونه

formas

دایره

círculo

مربع

quadrado

مستطیل

retângulo

مثلث

triângulo

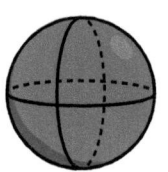

توپ

esfera

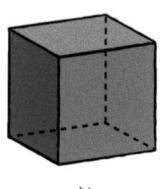

فال

cubo

سپين
....

branco

ژير
....

amarelo

نارنجي
....

laranja

كلابي
....

rosa

سور
....

vermelho

ارغواني
....

lilás

نيلي
....

azul

شين
....

verde

نسواري
....

castanho

خړ
....

cinzento

تور
....

preto

خورا ډیر/خورا لږ

muito / pouco

قار/ارام

furioso / calmo

ښکلی/بدشکله

lindo / feio

پیل/پای

princípio / fim

لوی/کوچنی

grande / pequeno

روښانه/تیاره

claro / escuro

ورور/خور

irmão / irmã

پاک/ککر

limpo / sujo

مکمل/نامکمل

completo / incompleto

ورځ/شپه

dia / noite

مر/ژوندی

morto / vivo

پراخه/نری

largo / estreito

د خوراک وړ/نه خورل کیدونکی
....
comestível / não comestível

بد/مهربان
....
mau / gentil

پاریدلی/بې خونده
....
entusiasmado / entediado

چاق/وچ
....
gordo / magro

لومړی/اوروستی
....
primeiro / último

ملګر/دښمن
....
amigo / inimigo

ډک/تش
....
cheio / vazio

سخت/نرم
....
duro / macio

دروند/سپک
....
pesado / leve

لوږه/تنده
....
fome / sede

ناروغ/روغ
....
doente / saudável

غیرقانوني/قانوني
....
ilegal / legal

هوښیار/ساده
....
inteligente / burro

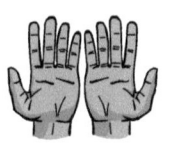

کیڼ/ښي
....
esquerda / direita

نژدې/لرې
....
perto / longe

نوی/زوړ

novo / usado

هیڅ/یوڅه

nada / algo

بډا/ځوان

velho / jovem

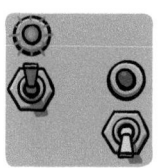

چاالن/بند

ligado / desligado

خلاص/ترلى

aberto / fechado

غلى/لوړ غږ

baixo / alto

بډايه/غريب

rico / pobre

صحيد/غلط

certo / errado

زېر/ملايم

áspero / liso

خفه/خوښ

triste / feliz

لنډ/اوږد

curto / longo

سست/ګړندى

lento / rápido

لوند/وچ

molhado / seco

ګرم/يخ

ameno / fresco

جګړه/سوله

guerra / paz

números

0

صفر
....
zero

1

یو
....
um

2

دوه
....
dois

3

دری
....
três

4

څلور
....
quatro

5

پنځه
....
cinco

6

شپږ
....
seis

7

اوه
....
sete

8

اته
....
oito

9

نهه
....
nove

10

لس
....
dez

11

یولس
....
onze

12
دولس
....
doze

13
ديارلس
....
treze

14
څوارلس
....
catorze

15
پنځُلس
....
quinze

16
شپارس
....
dezasseis

17
وولس
....
dezassete

18
اتلس
....
dezoito

19
نولس
....
dezanove

20
شل
....
vinte

100
سل
....
cem

1.000
زر
....
mil

1.000.000
ميليون
....
milhão

idiomas

انگلسي
....
inglês

امريكايي انگلسي
....
inglês americano

چينايي مندرين
....
chinês mandarim

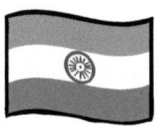

هندي
....
hindi

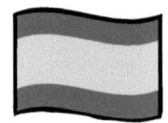

هسپانوي
....
espanhol

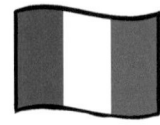

فرانسوي
....
francês

عربي
....
árabe

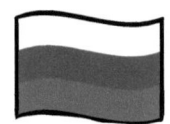

روسي
....
russo

پرتګالي
....
português

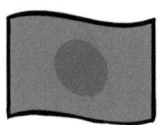

بنګالي
....
bengalês

آلماني
....
alemão

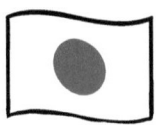

جاپاني
....
japonês

quem / o quê / como

زه

eu

ته

tu

♂ ♀ ○

هغه/د غه/دا

ele / ela

مونږ

nós

تاسي

vós

دوی/هغوی

eles / elas

ﭼﯚﻙ؟

quem?

ﭼﻪ؟

o quê?

ﭼﻨﮕﻪ؟

como?

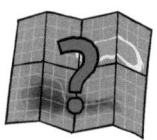

چيري؟

onde?

كله؟

quando?

نوم

nome

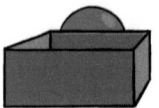

شاته
....
atrás

په
....
em

په مخه کی
....
à frente de

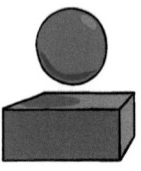

باندي
....
sobre

په
....
em cima

لاندي
....
debaixo

برسیره پر
....
ao lado

ترمینځ
....
entre

ځای
....
lugar